LICENCE

Tous droits réservés de traduction, de reproduction et d'adaptation pour tous pays.

L'utilisation, la transmission, la modification, la reproduction sont interdites. La rediffusion ou la vente de toutes les informations reproduites dans ce texte, ou partie de ce texte sur un support quel qu'il soit, sont formellement interdites. L'autorisation préalable et écrite du possesseur des droits est requise, excepté dans le cas de brèves citations et autres usages non-commerciaux autorisés par la loi sur le copyright.

Les marques mentionnées dans ce livre le sont à titre purement informatif, sans intention de publicité ni de contrefaçon.

Ce livre n'est pas gratuit. Vous devez procurer une copie si vous avez acquis ce livre par un tiers. Merci de respecter ainsi le travail de son auteur.

MENTION LEGALE

Le motif de ce manuscrit est de donner, des informations et d'évoquer des sites internet pour rechercher des tâches de travail à distance. Ce ne sont pas les propres, thèse de l'auteur. Durant l'établissement, de ce support certaines règle ont été prises pour garder, les informations pertinentes et à jour. Il pourrait avoir des sites internet inaccessibles.

L'auteur et l'éditeur sont irresponsables de l'usage du contenu de ce livre. Des malentendus et des erreurs peuvent résulter de la lecture de ces informations. Pour toute information dans les domaines de votre activité, consultez des expérimenté dans les domaines concernés.

ANNUAIRE
TÉLÉTRAVAIL
TRAVAILLE À DISTANCE
POUR LES TESTEURS
EN INFORMATIQUE INDÉPENDANTS

41 SITES INTERNET
INDISPENSABLES ET FIABLES

Tous droit réserver

ISBN : 978-2-37795-065-2

ALI DIAK

ISSACAR ÉDITION

DÉDICACE

Je dédicace cet Annuaire aux Testeurs en informatique.

J'apprécie :

* votre excellente capacité de concentration

* votre parfaite connaissance du langage informatique

* votre être patient et rigoureux

* votre capacité à établir des stratégies

* votre élaboration et exécution des tests

* votre analyse des résultats

Cet annuaire propulsera votre activité indépendante.

CONTACT

Email : issacar.edition@gmail.com

Site Internet : http://issacaredition.com/

PRÉFACE

Le télétravail contribue à la réduction de l'absentéisme. Le télétravail peut même être la solution aux perturbations commerciales causées par les grèves, les inondations, le temps affreux et d'autres urgences.

Des dizaines d'enquêtes à grande échelle montrent que les travailleurs d'aujourd'hui accordent une valeur essentielle au télétravail.

Le télétravail est quelque chose que nous allons entendre de plus en plus au fil du temps. Un remède contre les embouteillages et un outil de productivité.

Toutefois, la difficulté est que de considérables gens n'ont pas de connaissance comment rechercher des prestations en télétravail.

Par le biais de cet écrit sous forme d'annuaire, vous serez informé aussitôt de ce qu'est le télétravail ou travail à distance.

 Les avantages et inconvénients l'environnement, quelques conseils... Etc Cette œuvre convient réellement à tout travailleur indépendant qui a cœur de trouver des missions en télétravail.

SOMMAIRE

I. DÉFINITION DE TRAVAILLE À DISTANCE

Le télétravail permet aux employés de travailler à domicile ou dans un centre de télétravail local en utilisant des outils de communication (téléphone, fax, modem, téléconférence Internet). Le terme télétravail est le terme préféré en Europe et dans d'autres pays tandis que le télétravail est plus utilisé aux États-Unis et au Canada.

II. **QUELS SONT LES AVANTAGES ET LES INCONVÉNIENTS DU TRAVAIL À DISTANCE ?**

Les principaux avantages et inconvénients du télétravail.

Les avantages :

- Bonification de condition physique.

- Un niveau de santé optimal.

- Une alimentation plus saine.

- Renforcement de la forme physique.

- Épanouissement mental

- Une alimentation plus saine.

- Augmentation de la productivité.

- Un gain de temps.

- Une liberté accrue.

- Autonomie dans les activités personnelles.

- Réduction des trajets domicile-travail.

- Motivation renforcée.

- Plus de maîtrise de sa carrière professionnelle.

- Temps de repos plus importants.

- Opportunité d'épargner davantage.

- Engagement renforcé dans le travail.

- Absence de frais liés au lieu de travail.

- Liberté de s'installer où bon vous semble.

- Vous effectuez votre travail où bon vous semble.

- Vous disposez d'une autonomie complète.

- Vos déplacements sont réduits au minimum.

- Vous jouissez d'une liberté personnelle.

- La liberté de choix.

- Vous avez un salaire fixe et récurrent.

- Vous êtes complètement autonome.

- Indépendance financière.

- Vous choisissez vos collaborateurs.

- Vous choisissez votre lieu d'activité.

- Vous décidez de votre façon de travailler.

- Vous bénéficierez d'une entière autonomie.

- Plus de temps accordé à votre famille.

- Moins de déplacements.

- Vous diminuerez vos coûts de transport.

- Bénéfice financier.

- Vous pourrez réaliser vos ambitions.

- La possibilité de voyager à travers le monde.

- Un cadre de travail plus agréable.

- Prendre davantage de temps de pause.

- Les sources de distraction au bureau inexistantes.

- Réduction du stress.

- Attention plus précise sur les activités liées à l'emploi

Les inconvénients :

- Gestion du stress plus ardue.

- L'isolement devient de plus en plus menaçant.

- Ignorance de soi-même.

- Difficulté à se gérer par soi-même.

- Exclusion du groupe social.

- Confusion entre vie au travail et vie personnelle.

- Tentation de s'investir dans le travail en dehors des heures de travail.

- Perte de l'identité culturelle de l'entreprise.

- Relation compliquée avec les équipes de travail

- Perte du lien avec les collègues.

- Fragilité de la sécurité des informations depuis la maison.

- Travail d'équipe complexe.

- Communication inefficace avec les collaborateurs.

- Problèmes techniques rencontrés.

- Une charge de travail immense.

- Toutes les charges d'équipement doivent être acceptées.

- Utilisation excessive de l'ordinateur.

- Volume de travail très important.

- Mauvaise organisation de votre temps.

- Diminution des interactions physiques.

- Baisse des rencontres en personne.

- Réduction des échanges verbaux.

III. QUEL EST L'ENVIRONNEMENT POUR TRAVAILLER À DISTANCE

- Choisir un espace ou une pièce dédiée au travail, propice à la concentration.

- Définissez un espace dédié à votre travail.

- Si vous devez bouger souvent, utilisez un sac pour ranger vos affaires.

- Branchez vos appareils informatiques sur un parasurtenseur.

- Investissez dans du matériel et des logiciels de qualité.

- Installez un antivirus efficace, récent et régulièrement mis à jour.

- Mettez en place une sécurité pour protéger vos données informatiques essentielles.

- Utilisez une armoire et un bureau sécurisés.

- Pour rester motivé, mettre une bougie parfumée et une photo de vous-même.

- Assurez-vous d'avoir un éclairage suffisant toute la journée.

- Investissez dans de beaux articles et meubles de bureau pour en faire un endroit que vous aimez.

- Ajoutez des fleurs et des œuvres d'art pour personnaliser votre bureau.

- Assurez-vous d'avoir un disque dur dédié pour enregistrer de vos fichiers importants, au cas où un événement se produirait.

- Choisissez une chaise et un bureau qui soutiennent confortablement votre dos et votre cou.

- Positionnez vos pieds au sol ou sur un repose-pied.

- Veillez à ce que soit suffisamment aéré votre bureau de travail.

- Personnalisez votre bureau avec les éléments décoratifs qui vous plaisent.

- Disposez d'une connexion Internet rapide pour faciliter les appels vidéo.

- Choisissez un bureau suffisamment grand pour accueillir l'ensemble de votre équipement.

- Mettez en place un dossier de classement pour vos documents importants.

- Réglez votre bureau en hauteur pour travailler dans de bonnes conditions.

- Mettre un dossier sur votre chaise afin de bien maintenir votre dos.

- Entretenez régulièrement votre ordinateur et vos logiciels cela sera essentiel pour votre travail.

- Prenez soin de vos ressources et outils de travail.

- Les matériaux et équipements doivent être stockés dans une zone à l'abri de l'humidité et protégés contre tout dommage ou utilisation abusive.

- Éteignez l'équipement lorsque vous ne l'utilisez pas.

- Veillez à ce que la température et l'éclairage soient adaptés.

- Vous devez disposer d'un éclairage suffisant pour pouvoir

  lire facilement.

- Scellez la porte du bureau afin de vous offrir une

  véritable solitude.

- Un éclairage artificiel doit être installé pour assurer un

  meilleur éclairage.

- Assurez-vous que votre bureau de travail soit

  correctement aéré.

- Votre bureau de travail doit être suffisamment aéré et éclairé.

- Choisissez un emplacement proche d'une fenêtre afin

  de profiter de la lumière.

- Personnalisez votre bureau pour créer un environnement

  qui vous inspire.

IV. QUELQUES CONSEILS POUR TRAVAILLER À DISTANCE

CONSEIL SUR L'ORGANISATION

- Bien organisez votre bureau de manière afin d'améliorer votre efficacité.

- Si vous avez des enfants, créez une pièce à la maison où vous pourrez vous concentrer sur votre travail sans être dérangé.

- Si vos gamins sont plus jeunes, travaillez pendant leurs siestes.

- Profitez des moments de calme pour travailler, lorsque vos enfants sont à l'école.

- Établissez une heure de tâche fixe, comme si vous vous rendiez sur votre lieu de travail.

- Établissez des plages horaires dédiées au travail, comme si vous étiez physiquement dans l'entreprise.

- Informez votre entourage que vous êtes injoignable pendant ces créneaux.

- Définissez un planning qui vous convient.

- Soyez attentif au respect de vos horaires de travail.

- Utilisez votre messagerie électronique de manière productive.

- Installez-vous dans un espace dédié pour vos réunions virtuelles, équipées d'une webcam.

- Dressez une liste des services à accomplir en fin de journée.

- Organisez les tâches à effectuer le lendemain la veille afin d'être prêt dès le matin.

- Définissez des buts à accomplir.

- Suivez un horaire régulier chaque jour.

- Passez en revue votre liste de services le lundi et planifiez votre semaine.

- Établissez un calendrier et respectez-le.

- Organisez votre journée comme un jour de travail habituel.

CONSEILS SUR LE BIEN-ÊTRE

- Effectuez des activités dans des bureaux partagés.

- Passez régulièrement du temps avec des amis.

- Se déplacer dans son lieu d'habitation tout en conversant

  au téléphone.

- Aller déjeuner dans un nouvel endroit pendant 30 minutes.

- Faire l'acquisition d'un casque sans fil.

- Sortir marcher à l'extérieur de la maison avant

  d'entreprendre une autre activité.

- Faites de petit repos dans votre journée pour éviter

  les distractions.

- Un changement de décoration peut impacter votre

  productivité.

- Échangez avec d'autres personnes qui vivent également

  dans votre résidence.

- Cuisinez vos repas la veille afin de le chauffer aux micro-ondes le lendemain.

- Réglez une horloge toutes les heures afin de vous étirer.

- Restreindre l'accès aux réseaux sociaux.

- Couper le son de votre téléphone personnel.

- Profitez du merveilleux temps pour participer à des rencontres téléphoniques.

- Écoutez du son musical propice à la concentration.

- Portez de superbes vêtements.

- Préparez-vous ou déplacez-vous pour vous procurer un café.

- Levez-vous fréquemment de votre chaise et bougez quelques minutes.

CONSEIL PRÉVENTIF

- Assurez-vous d'avoir une connexion Wi-Fi mobile adéquate en cas de problème.

- Achetez deux ordinateurs séparés pour le travail et pour un usage personnel.

- Ayez un téléphone dédié, cela vous aidera à organiser vos tâches quotidiennes.

- Procurez-vous l'équipement ou les instruments appropriés avant de débuter le télétravail.

CONSEIL ÉCONOMIQUE

- Éteignez vos appareils en cas d'absence.

- Optez pour des lampes à basse énergie.

- Coupez la climatisation, le chauffage quand vous vous absentez.

- Choisissez des équipements à consommation modérée d'énergie.

- Imprimez vos documents uniquement si indispensables.

- Envisagez d'éteindre l'éclairage en sortant d'une pièce.

- Maintenez des liens réguliers avec votre équipe.

- Mettez à disposition de votre équipe des calendriers partagés.

- Définissez les heures d'ouverture du bureau et informez-en vos collègues.

- Communiquer régulièrement avec vos collègues renforcera votre collaboration continue et votre sentiment d'appartenir à l'entreprise.

- Mettez en place des rencontres de travail virtuelles avec votre équipe.

- Participez à des discussions à caractère social.

- Intégrez un groupe d'entraide dédié aux employés à domicile.

- Communiquez fréquemment avec votre manager.

- Présentez à votre responsable vos accomplissements et demandez de l'aide si besoin.

- Organisez des réunions virtuelles pour maintenir le lien

avec votre équipe et contribuer à des projets.

- Engagez-vous dans des échanges sociaux.

- Intégrez un groupe de soutien pour les employés à distance.

- Communiquez fréquemment avec votre responsable.

- Tenez votre superviseur informé de vos accomplissements

  et sollicitez de l'aide si besoin.

CONSEILS POUR ATTIRER DES CLIENTS

- Rédigez un curriculum vitae professionnel et accrocheur.

- Mettez en avant vos compétences.

- Décrivez vos expériences et vos accomplissements.

- Partagez des exemples de vos projets passés afin que

  les clients puissent apprécier ce que vous avez accompli.

- Intégrez des mots-clés dans votre portrait, cela aidera

  les preneurs à trouver votre profil.

- Proposez un service client de qualité et hors du commun.

- Réagissez vivement aux questions et aux demandes.

- Soyez ouvert aux critiques.

- Utilisez les commentaires pour améliorer votre réputation.

- Choisissez une photo professionnelle un nom d'utilisateur adapté à votre marque.

- Expliquez précisément votre procédure, en soulignant vos compétences.

- Soyez flexible et capable de vous adapter.

- Proposez des produits et services de qualité.

- Écoutez attentivement les besoins de vos clients.

- Respectez les délais de livraison.

- Soyez interactif.

- Répondez promptement aux sollicitations des clients potentiels.

- Proposez une politique de remboursement en cas de problèmes.

- Faites-vous une place auprès de clients potentiels.

- Participez à des groupes de discussion pour vous faire

  un nom.

- Offrez des promotions ou des tarifs préférentiels pour attirer

  des clients novices.

- Offrez des services supplémentaires qui boosteront

  vos revenus.

- Faites preuve de patience.

- Adoptez une attitude optimiste.

- Partagez des images ou des vidéos de vos

  réalisations antérieures.

- Apportez votre expertise sous forme de conseils et

  de suggestions.

- Établissez des prix abordables.

V. LES TÂCHES POUVANT ÊTRE FAIT EN TRAVAILLE À DISTANCE

En tant que testeur en informatique, découvrez une liste des tâches les plus populaires auprès des internautes que vous pouvez réaliser à distance ou en télétravail.

Vous pouvez inclure cette liste dans la présentation de votre profil ou dans les services que vous proposez.

Cela vous permettra d'attirer les internautes vers votre profil.

NB : **Utilisez l'orthographe exacte de ces mots listés est cruciale, étant donné qu'il s'agit des mots-clés les plus recherchés.**

- test alpha

- beta test apple

- beta test google

- beta test games

- beta test film

- beta test android

- beta test microsoft

- beta test review

- beta test games android

- beta test questionnaire

- beta test android 14

- beta test wordpress

- beta test play store

- beta test ios 17

- test application

- test app

- test web app

- test desktop application

- test d'application

- test application java

- test node app

- test application android

- test app mobile

- test application web

- test application yml

- test zoom app

- test javafx application

- test angular app on mobile

- test app xcode

- test .net application

- test nodejs app

- test qt application

- test utilisateur application

- test de internet

- test web page

- test internet stability

- test internet connection

- test internet speed bell

- test internet connection stability

- test buddy app

- test fonctionnel et non fonctionnel

- test intrusion informatique

- test matériel informatique

- test algorithme informatique

- test logiciel informatique

- test informatique pix

- test informatique pdf

- test diagnostique informatique

- test fonctionnel informatique

- test système informatique

- test sécurité informatique en ligne

- test sécurité informatique

- test internet

- test débit internet

- test de vitesse internet

- test internet google

- test internet fibre

- test web performance

- test web site performance

- test web site

- test web accessibility

- test web virus

- test webcam and microphone

- test web application

- test website google

- test web ipv6

- test website ipv6

- test web api
- test vitesse web
- test web mobile
- test web page size
- test exchange web services
- test json web service
- test page web navigateur
- test outlook web services
- test rédacteur web
- test web service rest
- test web url
- test zoom web client
- test web 2.0
- test sap
- test backend
- test d'application

- test de montée en charge jmeter

- tests d applications

- test débit

- test adsl

- test wifi

- test vitesse internet

- test connexion

- test connection wifi

- test de bande passante

- test débit réseau

VI. LES OUTILS POUR LE TRAVAIL À DISTANCE

Des outils pratiques vont faciliter vos travaux à distance. Voici ci-dessous la liste de ces outils et les liens vers les éditeurs.

1 - outils de gestion de projet

Trello

Trello est un outil de collaboration gratuit qui vous permet de travailler sur des projets communs en ligne et à distance.

Lien : https://www.trello.com/

Asana

Asana est un outil de gestion de projet qui peut aider à percevoir beaucoup de temps pour mener à bien les projets et les tâches. Asana peut aider à renforcer l'efficacité et à améliorer votre travail.

Lien : https://www.asana.com/fr

2 - les outils d'accès à distance

TeamViewer

Le programme TeamViewer peut effectuer le contrôle à distance, le partage de bureau et le transfert de fichiers entre les ordinateurs. TeamViewer permet aux utilisateurs d'accéder à distance à un autre ordinateur via un navigateur Web.

Lien : https://www.teamviewer.com/fr/

Remote PC

PC Remote est un programme principalement utilisé pour contrôler un ou plusieurs ordinateurs distants.

Lien : https://www.remotepc.com/

3 - les outils de transfert de fichier

Google Drive

Google Drive facilite le partage de fichiers pour que d'autres puissent afficher, commenter ou modifier vos fichiers ou dossiers.

Lien : https://www.google.com/intl/fr/drive/

Dropbox

Dropbox est un service d'archives en ligne, vous pouvez accéder à tous vos fichiers via votre smartphone, tablette ou ordinateur à tout moment. La version gratuite de Dropbox propose 2 Go d'espace de stockage en ligne.

Lien : https://www.dropbox.com/

4 - les outils d'appels vidéo et de partage d'écran

Zoom

Zoom est un logiciel qui permet d'organiser des réunions avec plusieurs participants à travers la vidéo diffusée à travers l'ordinateur, le smartphone ou le PC.

Lien : https://www.zoom.us/

Jitsi Meet

Jisti est une solution gratuite et qui ne partage pas vos informations à une tiers personne.

Lien : https://meet.jit.si/

VII. COMMENT TROUVER DU TRAVAIL À DISTANCE

Pour trouver votre travail à distant, vous pouvez choisir de vous inscrire sur plusieurs sites de pour testeur en informatique.

Ces sites web distribuent des milliers de services à des testeurs en informatique à l'échelle internationale. Ils peuvent tirer de réels avantages de ces sites de télétravail.

Ces avantages sont :

• résoudre les problèmes de paiement, sécuriser les transactions et établir les documents contractuels.

• gain du temps de travail

Chaque plate-forme de travail à distance dispose de son propre fonctionnement

La raison principale est de mettre en relation des testeurs en informatique avec des entreprises.

Le montant des tarifs utilisés sur les plateformes de travail à distance.

Il existe 2 types de frais disponibles :

les frais gratuits : vous permet de vous inscrire gratuitement sans payer de frais. Habituellement, ces frais sont à la charge de l'entreprise cliente.

 les frais mensuelle : pour trouver un emploi, payez XX euros par mois.

La prime perçue par la plateforme de travail à distance

La prime perçue par la plateforme de travail à distance varie de 0 % à 20 % du montant total versé par le client au comptable.

Tout dépend de la stratégie de chaque plateforme.

1 - les mises en contact des testeurs en informatique indépendants avec les clients

Les testeurs en informatique consulteront et répondront à la demande du client puis effectuera les travaux nécessaires.

Les testeurs en informatique peuvent poser des questions aux clients pour obtenir plus d'informations sur la commande.

2 Les mises en contact des clients avec les testeurs en informatique indépendants

Les clients contrôlent les services des testeurs en informatique indépendantes et passent des commandes. Les clients peuvent les contacter pour plus d'informations.

En fait, j'ai sélectionné 41 sites web qui proposent des offres de missions à distance dans le monde entier. Certains sites Web utilisent le français, tandis que d'autres utilisent l'anglais.

VIII.   LISTE DES SITES OFFRANT DU TRAVAIL À DISTANCE

1.Test

Test est spécialisé dans des tests approfondis pour garantir que les sites web et applications fonctionnent convenablement sur tous les appareils. Vous pouvez vous inscrire en tant que testeur.

https://www.test.io/

2. Bugcrowd

Pourquoi Bugcrowd   Des produits   Solutions   Des chercheurs   Programmes

Bugcrowd connecte les entreprises et leurs applications à des testeurs.

Afin qu'ils identifient les vulnérabilités. Vous êtes payé par Bugcrowd.

https://www.bugcrowd.com/

3. Hackerone

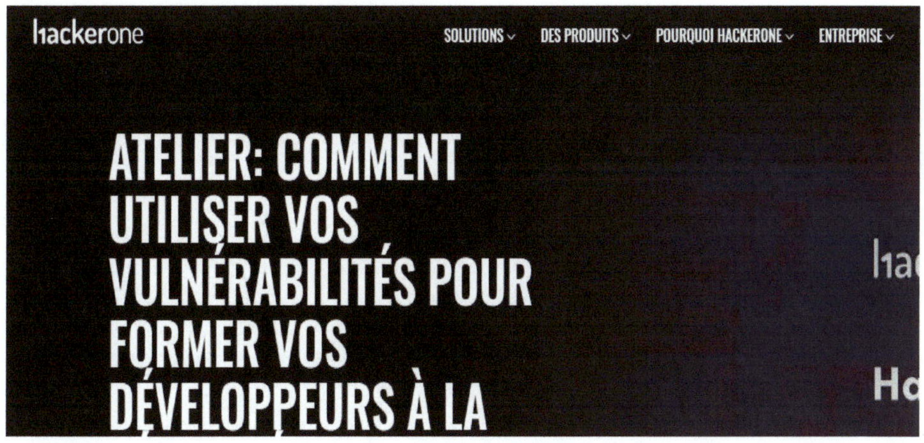

HackerOne est un site de test de vulnérabilité et de correction des bogues. Ils mettent en relation les entreprises et les testeurs.

https://www.hackerone.com/

4. Littlebigconnection

Littlebigconnection est le site internet utilisé par les freelances pour trouver des missions. L'inscription est gratuite, mais une sélection est effectuée sur le site.

En toute liberté, vous pouvez communiquer avec votre futur client et déterminer votre taux journalier.

La prestation est payée par virement de 3 à 5 jours après sa fin.

Il n'y a pas de rémunération du côté freelance, mais du côté client.

En plus du taux journalier du freelance, le client paie 15 %.

https://www.littlebigconnection.com/fr/

5.Seoclerks

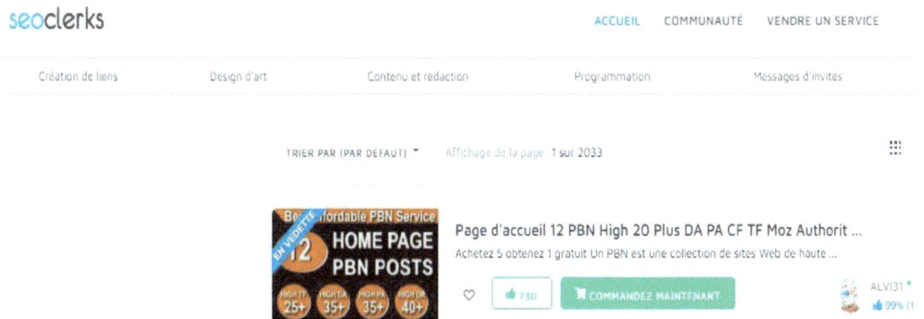

Seoclerks est site qui propose les services aux entreprises et aux testeurs.

https://www.seoclerks.com/

PeoplePerHour est une plate-forme indépendante qui possède une variété de micro-emplois pour testeurs répertoriés sur leur site.

https://www.peopleperhour.com/

7. Jobspresso

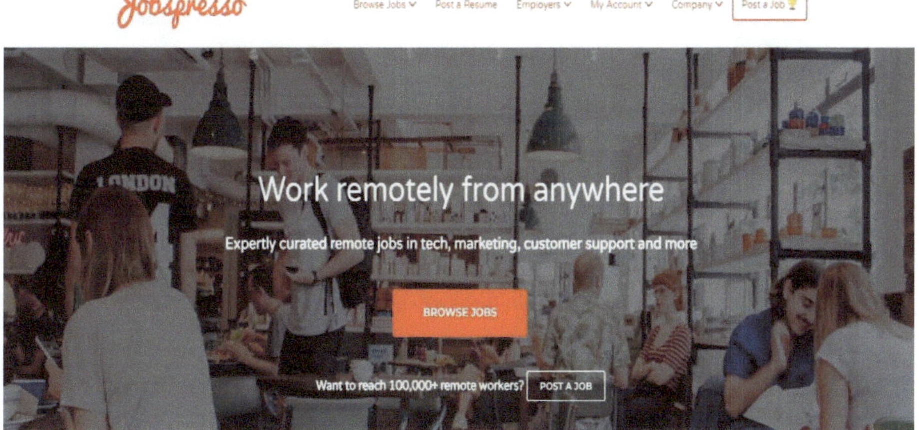

Jobspresso est une agence mondiale basée au Canada, spécialisée dans les bonnes affaires en travail à distance, pour les freelances et les indépendants.

Pour les indépendants, c'est gratuit et vous avez la possibilité de travailler partout dans le monde.

Soumettez votre CV et l'entreprise vous contactera directement.

https://www.jobspresso.co/

8. Khdemti

La publication de vos prestations de testeurs est entièrement gratuite, le choix d'un client est facultatif.

https://www.khdemti.com/

9. Freelance-info

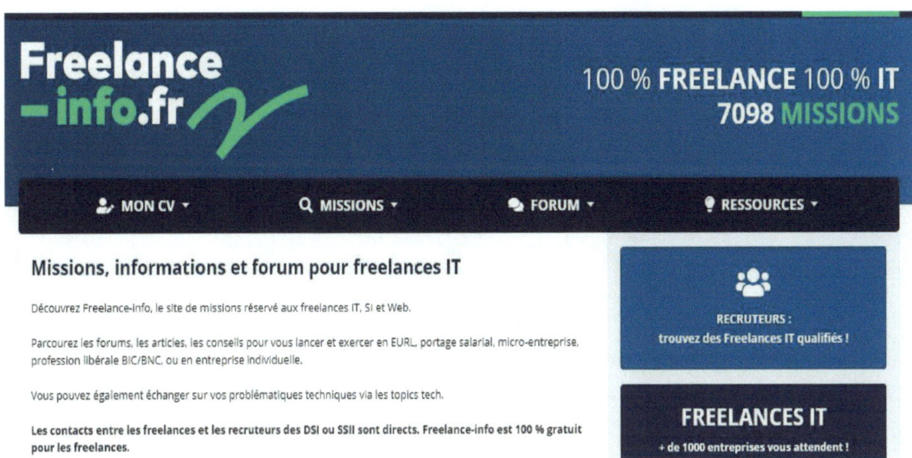

Les contacts entre les testeurs et les clients sont directs sur freelance-info. L'inscription est 100 % gratuit pour les testeurs.

https://www.freelance-info.fr/

10. Remote

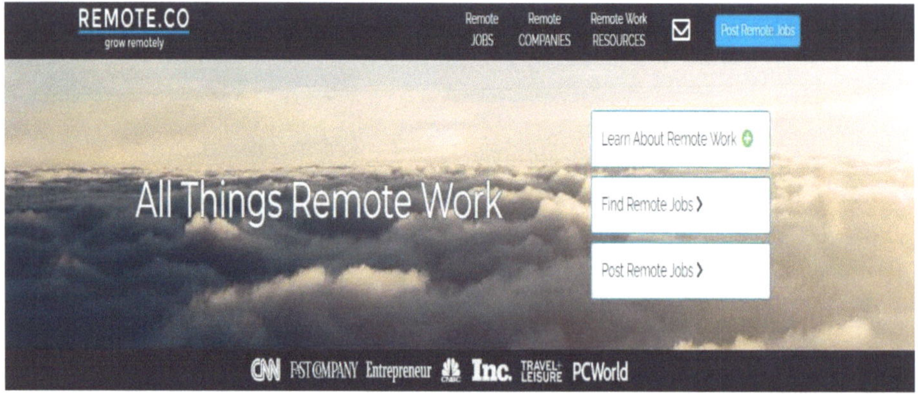

Remote.co est une plateforme qui permet aux professionnels de divers domaines de travailler à distance. Il relie les travailleurs à distance aux entreprises du monde entier.

Les indépendants peuvent s'inscrire gratuitement.

La plateforme a des clients partout dans le monde.

https://www.remote.co/

11. Toogit

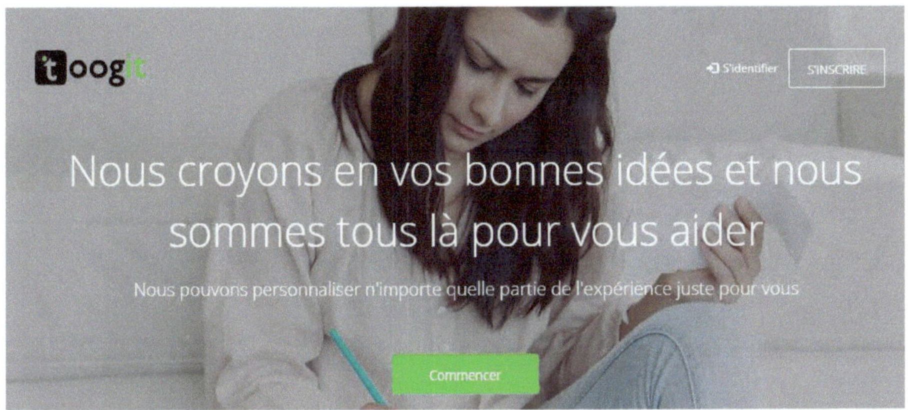

Toogit est un marché en ligne. Les propriétaires de projets et les testeurs travaillés ensemble.

https://www.toogit.com/

12. Workingnomads

WorkNomads est une plateforme mondiale dédiée au travail à distance, pour les freelances qui cherchent à travailler de manière indépendante et solitaire.

Les professionnels qui souhaitent travailler à distance avec des entreprises sont mis en relation avec elle.

Les indépendants ont la possibilité de s'inscrire gratuitement et être en contact direct avec des clients potentiels.

En revanche, le site réclame des commissions aux entreprises pour les offres de missions.

https://www.workingnomads.com/

13. Malt

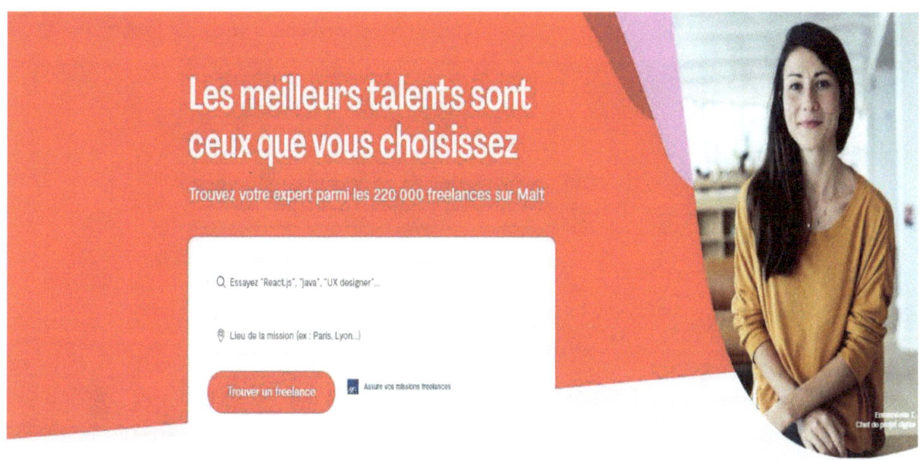

Malt est une plateforme pratique pour les clients et les testeurs en informatique indépendants.

Elle s'occupe de l'encaissement des factures auprès du client.

Elle est également parfaitement transparente au sujet de sa commission.

https://www.malt.fr/

14. Codeur

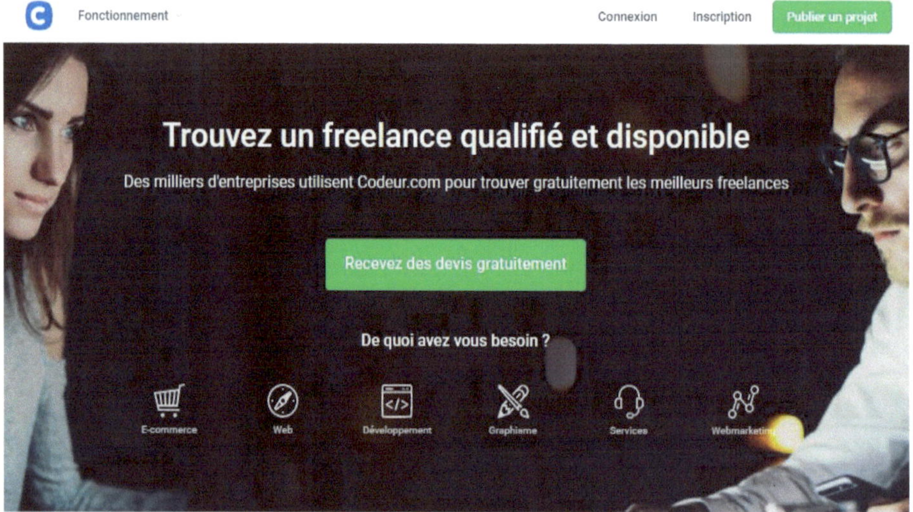

Un site qui permet de contacter des missions en quelques minutes.

https://www.codeur.com/

15. Upwork

Upwork existe présentement dans plusieurs nations et vous pouvez résoudre des tâches dans des multiples endroits.

En termes de paiement, plus vous travaillez, moins vous payez la plateforme entre 5 % et 20 %.

https://www.upwork.com/

16. Comeup

Comeup est une plateforme de mise en relation hautement sécurisée.

Comeup se soucie beaucoup des satisfactions de ses Testeurs en Informatique et ses clients.

 Les Testeurs en Informatique ont intérêt à fournir un micro service d'excellente qualité pour les clients.

https://www.comeup.com/fr/

17.Humaniance

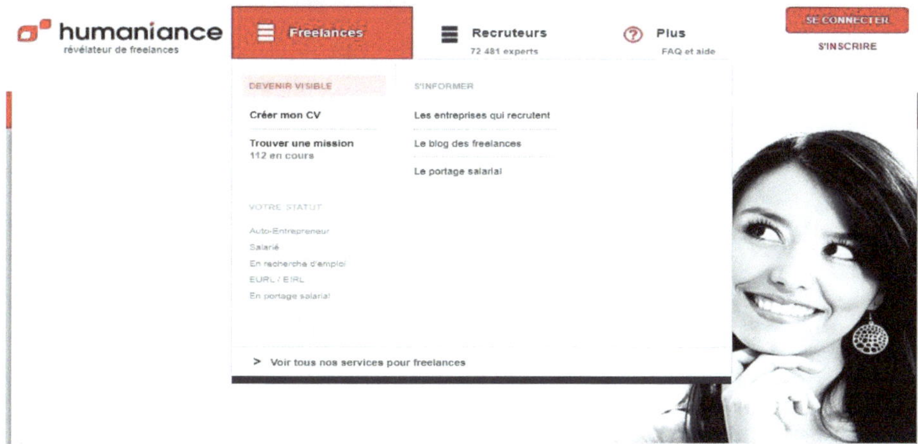

Vous trouverez inévitablement les clients qu'il vous faut sur humaniance. En plus, vos futurs clients sont complètement fiables, car chaque nouveau profil est vérifié manuellement.

http://www.humaniance.com/

Les bons freelances permettent d'accroître votre visibilité et de trouver des clients. Vous répondez aux missions de test en informatique qui vous intéressent et vous obtenez directement des demandes de nouveaux clients. L'inscription est gratuite et il n'y a aucune commission.

https://www.lesbonsfreelances.com/

19.Twago

Twago met en relation entreprise et testeurs en informatique dans de nombreux domaines.

https://www.twago.fr/

20.Fiverr

Fiverr est une plateforme qui réunit les offres des testeurs et les demandes des entreprises.

Le paiement est remis aux testeurs que lorsque le client est satisfait.

https://fr.fiverr.com/

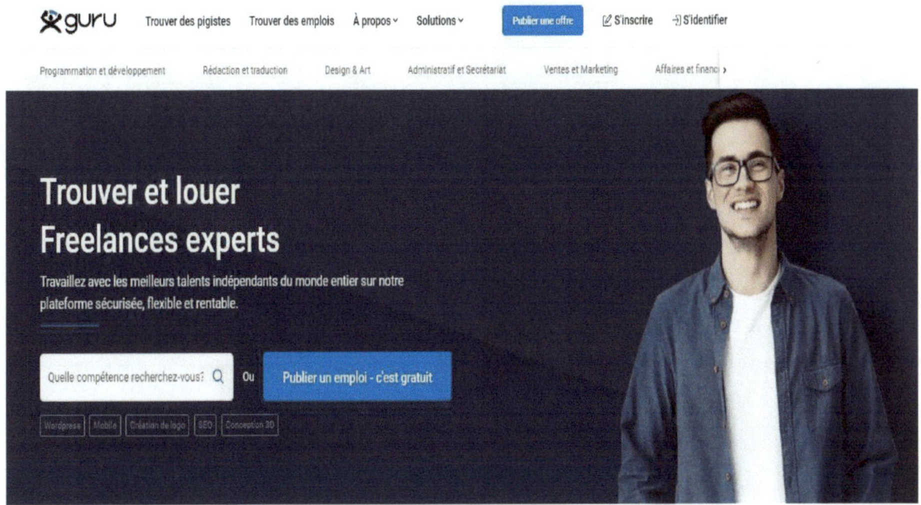

Guru met en relation les testeurs avec des clients. Le client choisi le meilleur devis proposer par plusieurs testeurs en informatique.

https://www.guru.com/

22.Flexjobs

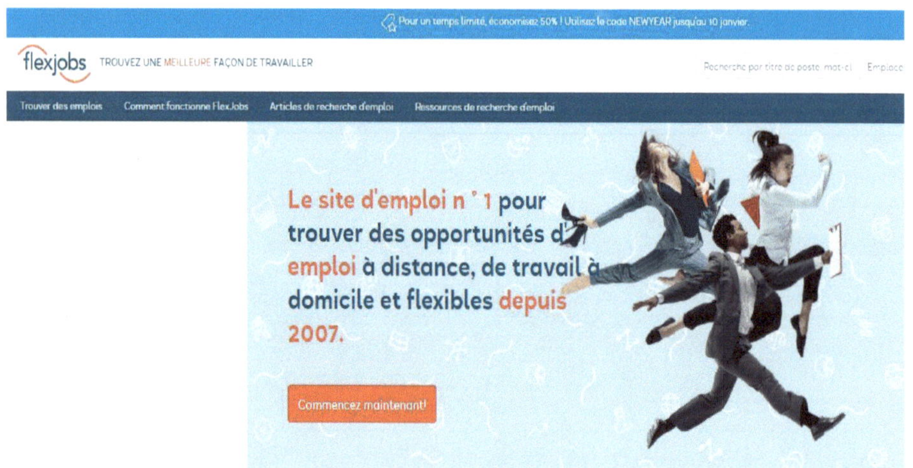

FlexJobs est spécialisé dans les emplois à distance dans le monde. Vous trouveriez des missions de testeurs partout dans le monde.

https://www.flexjobs.com/

23.Talent hubstaff

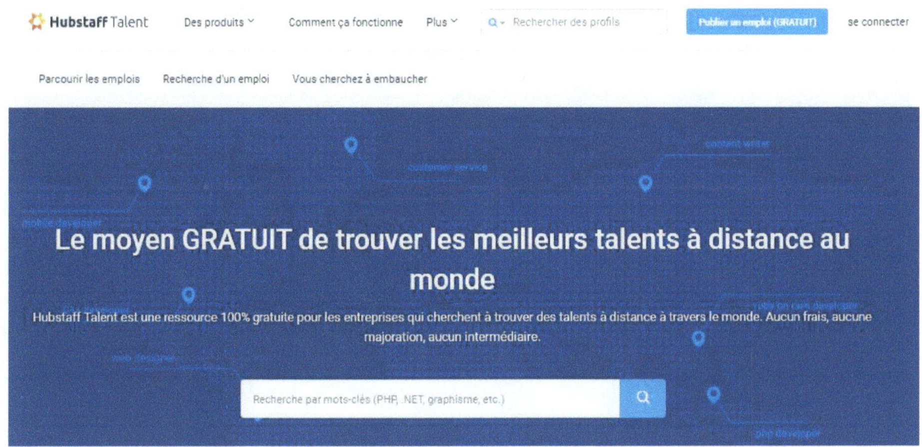

Talent hubstaff regroupe les testeurs du monde entier. Vos clients vous viennent de partout le monde. Vous pourriez rapidement créer une équipe de testeurs à distance sans aucuns frais ni majoration.

https://talent.hubstaff.com/

24. Befreelancr

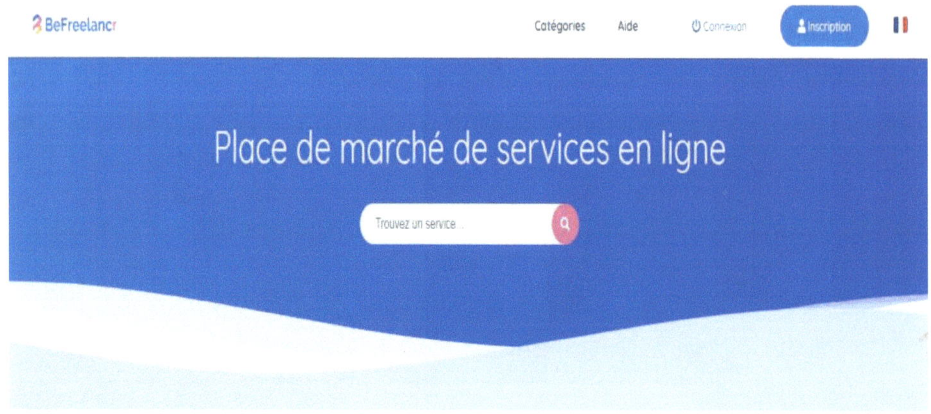

BeFreelancr est un site web renommé dans le monde entier.

Vous pouvez vous inscrire et publier les services gratuitement.

Il aura une commission de soixante pour cent pour chaque vente. Votre paiement se fera à tout moment par PayPal ou par virement bancaire.

https://www.befreelancr.com/fr

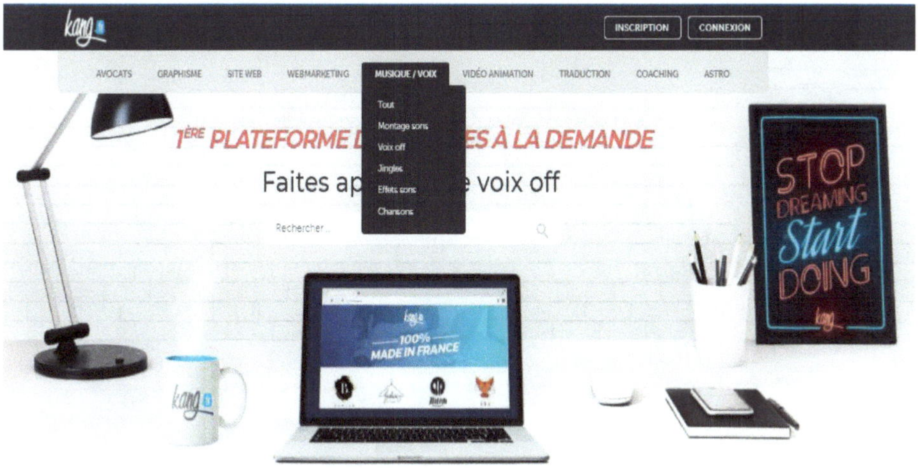

Kang est une plateforme de services à la demande qui vous propose les services des testeurs.

https://www.kang.fr/

26. Truelancer

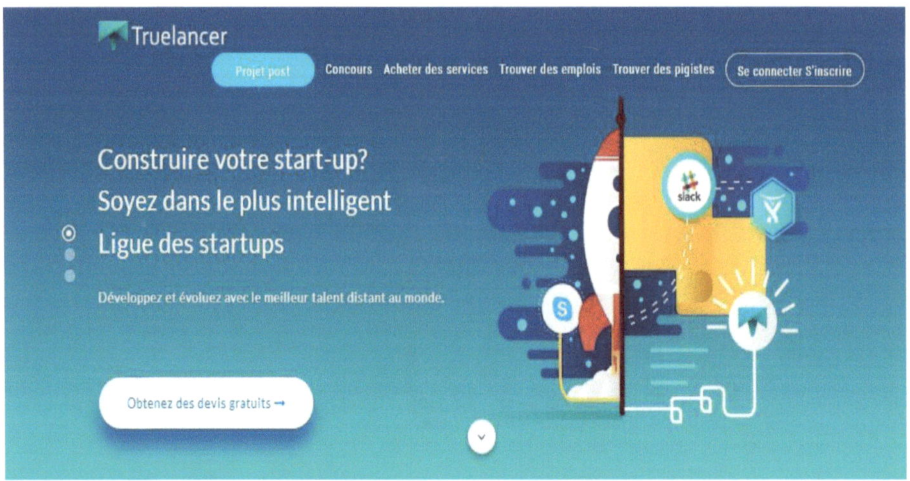

Truelancer est une plateforme en ligne permettant aux testeurs et aux clients de collaborer. Leur vision est d'établir des relations de confiance à travers le monde.

https://www.truelancer.com/

Lionbridge regroupe les testeurs dans le monde entier. Vous pouvez travailler 24 heures sur 24.

https://www.lionbridge.com/fr/

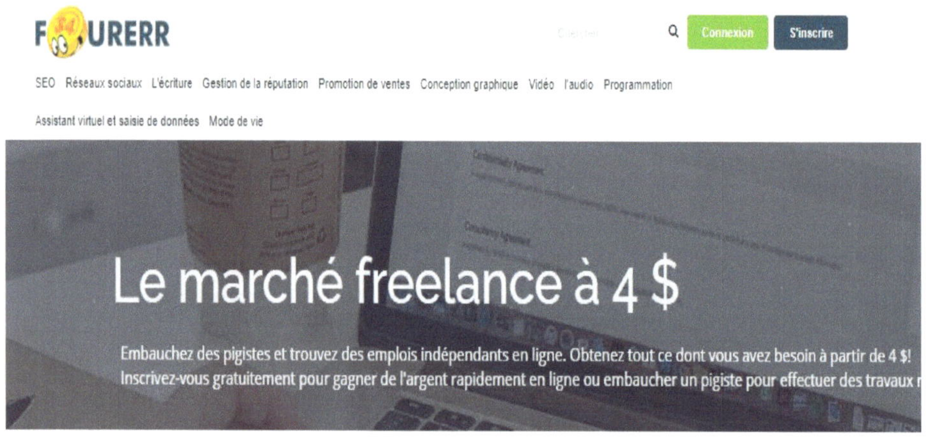

Fourerr est un endroit où vous pouvez vendre vos prestations de testeurs en ligne et gagner de l'argent.

https://www.fourerr.com/

29. Freelance

Freelance.com est une société française qui fait du télétravail.

Il améliore les relations des clients avec le freelance.

L'enregistrement est sans frais. Dès que votre profil est créé, les entreprises prendront contact avec vous pour établir un devis.

freelance.com prend une commission de 12,5 % du côté client.

Après la mission du freelance, sur 24 heures, le paiement sera soldé.

https://www.freelance.com/

30. Clickworker

les industries   Prestations de service   Notre foule   À propos

Clickworker est une plateforme fournissant des Testeurs en Informatique à la demande pour des projets ou des entreprises.

https://www.clickworker.com/

31. Freelance-informatique

Freelance-informatique met en relation les indépendants avec des entreprises clientes. Les freelances s'inscrire sans aucun coût et postule aux offres.

Il existe de nombreux emplois à temps plein et à long terme.

Les freelances sont directement reliés à l'entreprise.

L'entreprise utilise le site web comme intermédiaire de confiance pour évaluer les freelances.

L'entreprise paie la plateforme, qui rémunère ensuite le freelance.

https://www.freelance-informatique.fr/

Dice demeure le meilleur endroit pour vos prestations de Testeurs en Informatique. Vous pouvez vous mettre devant les opportunités.

https://www.dice.com/

33.Airjob

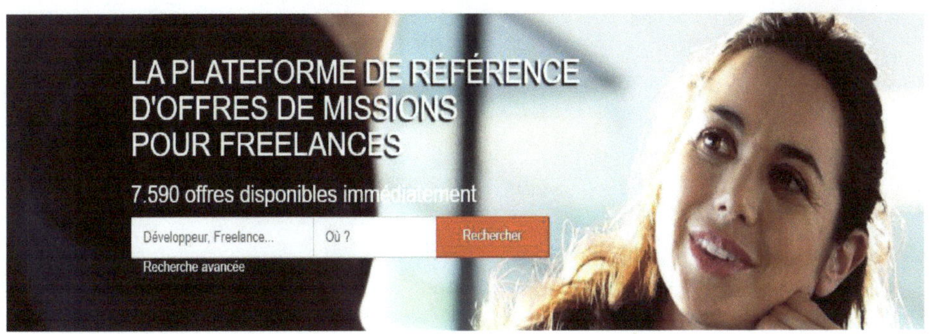

Vous pouvez naviguer sans crée de compte. Les missions diverses qui pourraient vous plaire sont présent.

Une fois vos missions de Testeur en Informatique ciblées, il vous suffit simplement de vous inscrire pour pouvoir postuler.

Vous aurez à renseigner des informations claires. Vous pourriez entrer en contact avec les entreprises qui vous intéressent.

https://www.airjob.fr/

34. Zeerk

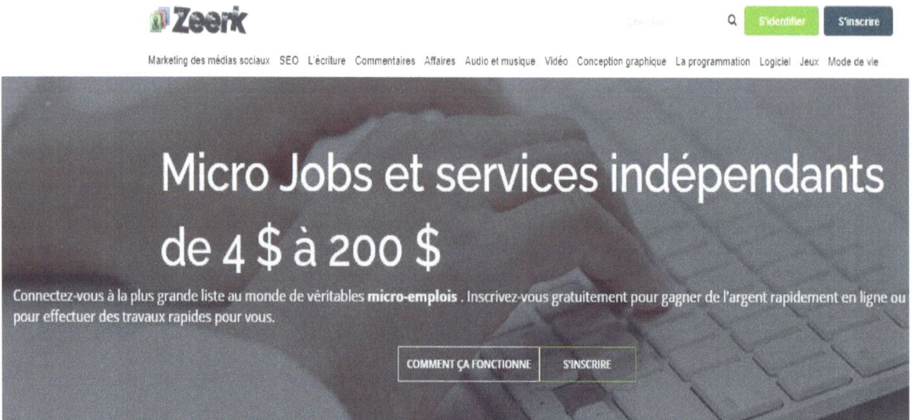

Zeerk est un site de télétravail. Il est destiné aux Testeurs en Informatique et clients du monde entier. Ils favorisent la mise en relation entre Testeurs en Informatique et entreprises. Les méthodes de paiement sont PayPal. La commission de leur prestation est de 10 %. Ils facturent une commission de 10 % sur vos prestations sans attente et vous êtes payé le jour de votre prestation.

https://www.zeerk.com/

35. Freelancer

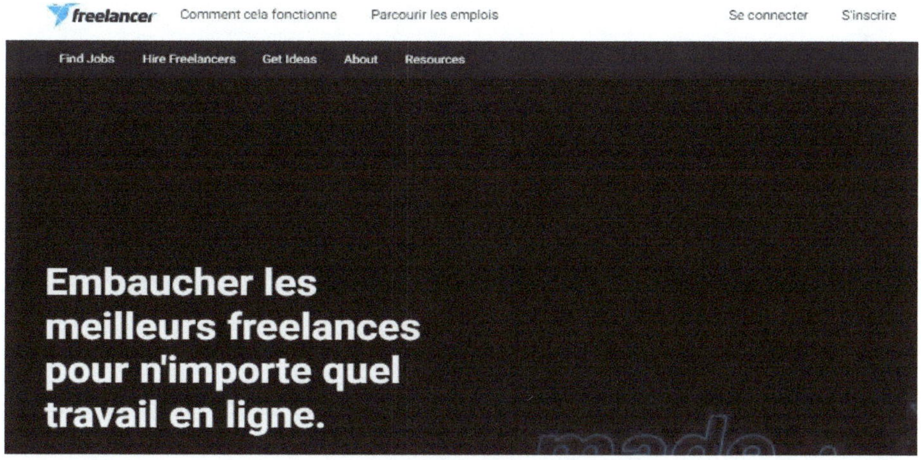

Freelancer est un site de télétravail basé en Australie, destiné aux Testeurs en Informatique et clients du monde. Il est traduit en toutes les langues du monde. La commission prise sur vos factures est de 10 à 15 %. Vous êtes payé par PayPal, skrill, carte bancaire, virement bancaire.

https://www.fr.freelancer.com/

36. Virtualvocations

Virtualvocations est un site web américain spécialisé dans le travail à distance. Vous résolvez des tâches de Test en Informatique partout dans le monde. Le site est ouvert aux Testeurs en Informatique du monde entier. L'inscription est gratuite, vous pouvez ainsi profiter de réductions de mission limitées. Après vous être abonné, vous auriez de nombreuses autres tâches. 15,99 $ pour 1 mois. 39,99 $ pour 3 mois. 59,99 $ pour 6 mois. Vous communiquez directement avec les clients. Si vous êtes insatisfait du contact reçu, vous obtiendrez une garantie satisfaisante ou un remboursement. Vous pouvez payer les frais d'abonnement par carte ou PayPal.

https://www.virtualvocations.com/

37. Topcoder

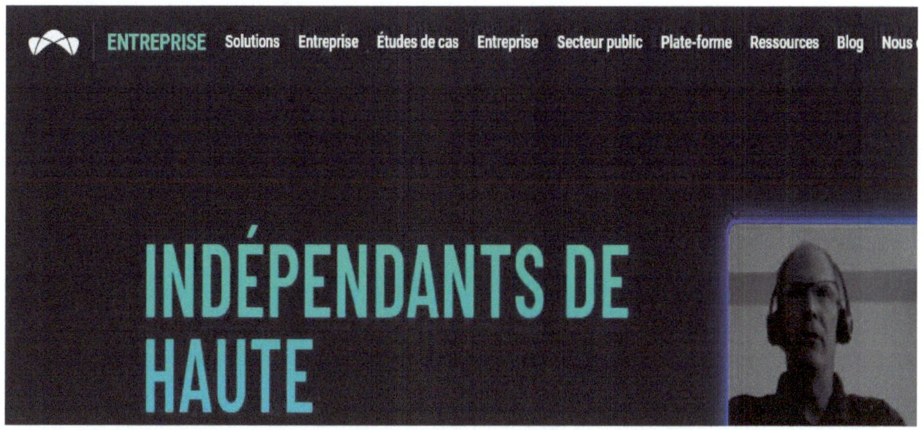

Topcoder est une entreprise qui gère des concours de Tests en Informatique. Topcoder organise tous les quinze jours des compétitions de Tests en Informatique.

https://www.topcoder.com/

CreativLink est un moteur de recherche de missions pour les Testeurs en Informatique. C'est bien plus qu'une interface digitale proposant des services.

https://www.creativ.link/

39.Skillvalue

Skillvalue trouve pour des clients des Testeurs en Informatique qui correspondent à leur besoin.

https://www.skillvalue.com/

talent.io

Trouvez le job tech que vous méritez

Le moyen le plus simple de trouver votre prochain job tech, en CDI, freelance ou en stage

Inscrivez-vous gratuitement

Sur talent, des projets de qualité pour Testeurs en Informatique sont présents, il existe des missions d'au moins 3 mois.

Vous êtes payé sous 14 jours, Fini les factures impayées.

Inscrivez-vous gratuitement en quelques minutes.

https://www.talent.io/p/fr-fr/home

41. Rws

Rws fournit des solutions qui aident les Testeurs en Informatique et les marques du monde entier à se comprendre.

https://www.rws.com/

CONCLUSION

Le télétravail accroissera votre productivité. De ce fait, vous épargnerez les coûts de logement et les coûts actuels. Cela vous permettra d'avoir des clients mondiaux, et seule une bonne organisation pourra vous faire avoir du succès.

Tous ces sites désignés dans ce livre et toutes les explications détaillées vous permettront de vous axez sur votre spécialité.

A Propos de l'auteur

Je m'appelle Ali Diak spécialisé en webmastering, développement web, web design, consultant web, développeur Webdev, Prestashop et Wordpress.

Je suis indépendant depuis plus de 12 ans et je suis au service des entreprises et des particuliers pour toutes les activités basées sur Internet.

Le but de mon métier est d'aider tous les actifs du monde à résoudre leurs problèmes professionnels dans le web problèmes professionnels.

Ce répertoire web permettra aux professionnels de se concentrer sur leur métier et d'éviter les temps de recherches web.

Demande Avis

Nous avons hâte de lire vos impressions sur ce livre.

 N'hésitez pas à partager votre avis sur ce livre.

Email : issacar.edition@gmail.com

Biographie Auteur

Dès l'âge de 6 ans, Ali Diak a suivi des formations en informatique et en mathématiques.

Pendant des années, elle a donné des cours de mathématiques à des enfants, des adolescents et des adultes de tous âges.

Depuis 13 ans, elle dirige une entreprise spécialisée dans l'informatique, au service des entreprises et des particuliers.

Grâce à son expérience professionnelle, elle a pu identifier diverses problématiques liées au web, ce qui lui a permis de développer des solutions.

En 2018, elle s'est également investie dans l'écriture et a publié son premier livre, "Qu'est-ce qu'un blog ?".

Depuis, elle saisit chaque opportunité pour publier des livres destinés à soutenir les lecteurs et les utilisateurs d'Internet.

Chaque site web offre une navigation facile et sécurisée sur Internet.

La même méthode a été employée par Ali Diak afin d'évaluer l'authenticité de chaque site mentionné dans ces ouvrages

en tant que guide ou annuaire.

Elle examinera régulièrement l'état de ces sites.

Profondément engagée dans l'édition de livres, elle est la fondatrice du site Internet "issacaredtion.com", qui regroupe l'ensemble de ses publications.

On peut actuellement acquérir plusieurs de ces ouvrages sur cette plateforme.

Ali Diak vous invite à vous abonner et à la suivre sur différentes pages afin d'être informé de ses prochaines parutions.

Livres de l'auteur

Les autres publications suivantes d'Ali Diak rencontrent un succès auprès d'un large lectorat. Vous les localisez sur la plateforme ou le site Internet depuis lequel vous les avez acquis.

- Annuaire télétravail pour Ecrivains indépendants 41 sites indispensables

- Annuaire télétravail pour Traducteur indépendant 43 sites indispensables

- Annuaire télétravail pour Comptables indépendants 34 sites indispensables

- Annuaire télétravail pour Secrétaires indépendants 35 sites indispensables

- Annuaire télétravail pour Transcripteurs indépendant 39 sites indispensables

- Annuaire télétravail pour Informaticiens indépendants 45 sites indispensables

- Annuaire télétravail pour Développeurs WinDev Webdev indépendants 40 sites

- Annuaire télétravail pour Programmeurs développeurs indépendants 44 sites indispensables

- Annuaire télétravail pour Graphistes Infographe indépendants 49 sites indispensables

- Annuaire télétravail pour Testeurs en informatique indépendants 41 sites indispensables

- Annuaire télétravail pour Photographe indépendants 37 sites indispensables

- Annuaire télétravail pour Musiciens indépendants 32 sites indispensables

- Annuaire télétravail pour Vidéastes indépendants 43 sites indispensables

- Qu'est-ce qu'un blog

www.ingramcontent.com/pod-product-compliance
Lightning Source LLC
LaVergne TN
LVHW051453180726
843512LV00001B/16